나는 죽고 십자가로 하나되는 공동체 ❷

순종

성령의 능력으로 순종하는 삶

나는 죽고 십자가로 하나되는 공동체 **2** 순종
성령의 능력으로 순종하는 삶

초판 1쇄 발행 2022년 12월 9일

지은이 유기성

기획·편집 홍정호 유지영 김지영
디자인 파크인미 bookpark@kakao.com

펴낸곳 도서출판 위드지저스
등록번호 제251-2021-000163호
주 소 경기도 성남시 분당구 하오개로344번길 2
전 화 031-759-8308 | **팩 스** 031-759-8309
전자우편 wjp@wjm.kr

Copyright © 유기성, 2022, Printed in Korea
ISBN 979-11-91027-26-6(04230)
      979-11-91027-24-2(세트)

* 잘못된 책은 바꿔드립니다.
* 책값은 뒤표지에 있습니다.

자기부인   **순종**   승리   동행

나는 죽고 십자가로 하나되는 공동체 ②

성령의 능력으로 순종하는 삶

유기성 지음

위드지저스

머리말

《예수님의 사람》 제자훈련 수료식 때면 저는 매번 말할 수 없는 감동을 받습니다. 한 남자 집사님이 강단에 섰습니다. 그의 간증은 밋밋하게 시작되었으나 목소리는 떨리고 있었습니다. 그러다가 거의 울먹이는 소리가 되었습니다.

저는 정말 죄인이었습니다. 예수님을 믿기 전에는 우상숭배, 마귀와의 타협, 부모홀대, 형제간 불화, 탐심, 거짓, 음란, 음욕, 외도, 핑계, 게으름 등 죄라고 하는 것은 모두 행한 것 같아 글로 다 쓸 수 없을 지경입니다. 이 엄청난 죄들 앞에서 저는 어찌할 바를 몰랐습니다. '과연 용서받을 수 있을까?'라고 생각했습니다. 그런데 제자훈련을 받으면서 하나님의 말씀이 제 마음에 박혀 들어왔습니다. '아무리 큰 죄라도 주 앞에서 고백하면 흰 눈과 같이 깨끗이 씻어주시며 기억하지 않겠다.' 완전한 용서, 단 1%도 남기지 않는 십자가의 용서가 저에게 믿음으로 다가왔을 때 감사와 감격이 몰려왔습니다.

집사님의 간증을 듣고 저도 함께 울었습니다. 그러면서 생각했습니다. '무엇이 저 집사님을 저렇게 고백하게 하는 것일까?' 성령께서 말씀으로 십자가의 예수님을 바라보게 하신 것입니다.

나이가 지긋하신 남자 성도님이 예상치 못한 고백을 하셨습니다.

제자훈련을 받으면서 비로소 주님의 사랑을 깨달았습니다. 그리고 성령께서 저에게 한가지 일을 강권하심을 느꼈습니다. 그동안 제 완고함 때문에 상처받았던 며느리에게 찾아갔습니다. 그리고 며느리에게 용서를 빌었습니다. … 나중에 아들로부터 감사하다는 전화가 왔습니다. … 하나님께서 부어주신 사랑으로 우리 가정이 완전히 회복되는 사건이 일어났습니다. 저는 이제 사랑하는 자로 살면서 더 이상 다른 사람들의 아픔을 그냥 지나치지 못할 것 같습니다.

역시 예수님이 하셨습니다.
똑똑하고 야무지게 생기신 여자 집사님이 고백하였습니다.

그동안 나는 눈만 밝아져서 다른 사람을 특히, 남편을 힘들게 했습니다. 문제만 생기면 남편에게 책임을 떠넘기며 비난을 퍼부었습니다. 그러나 제자훈련을 받으면서 그 모든 문제가 남편이 아닌 저에게 있다는 것을 알았습니다. 다른 사람을 변화시키려 하지 말고 내 자신이 먼저 변화되어야 한다는 것을 깨닫게 되었습니다. 제자훈련을 통해 화가 나도 참게 되고 염려를 많이 떨쳐버릴 수 있게 되었습니다. 문제가 생기면 "주님, 도와주세요"라고 기도하며 주님을 의지하는 삶을 살게 되었습니다.

역시 예수님이 하셨습니다.
오랫동안 교회 생활 나름대로 열심히 하셨던 권사님께서 고백하셨습니다.

예수님을 믿고서도 펄펄 살아 있는 성질 때문에 내가 정말 예수님을 믿는 사람인지, 구원은 받았는지 알지 못했습니다. 그러나 이제는 내가 예수님 안에서 죽었다는 것을 깨닫게 되었습니다. 그 이후 제 삶의 변화를 사람들이 알기 시작했습니다. 나의 변화된 모습을 보고 주위의 믿지 않는 친구들이 "그렇게 예수님이 좋으냐"라고 말합니다.

역시 예수님께서 하셨습니다.

교회를 다니고 예수님을 믿는다고 해서 모두 다 제자의 삶을 사는 것은 아닙니다. 예수님의 제자들처럼 예수님을 인격적으로 알고 예수님과 동행하는 훈련을 받지 못하면 결코 제자다운 삶을 살 수 없습니다. 그래서 교인들에게 예수님과 동행하는 삶을 훈련하는 것을 목회의 핵심가치로 삼고 지금까지 사역했습니다. 그러면서 《예수님의 사람》 제자훈련을 통하여 많은 교우의 삶이 놀랍게 변화되는 것을 보았습니다. 예수님을 인격적으로 알고서도 사람이 변화되지 않는다는 것을 불가능한 일이었습니다. 저는 이러한 은혜와 축복을 좀 더 많은 분과 함께 해야 한다는 생각이 들었습니다.

이 책은 《예수님의 사람》의 핵심 내용을 발췌하여 소그룹이 십자가의 복음을 함께 나누는 형태로 구성했습니다. 물론 개인이 혼자 할 수도 있고, 교회 기도회에서 활용할 수도 있을 것입니다.
《예수님의 사람》 제자훈련을 받는 교인들은 미리 읽으면 교재 내용을 더 깊이 이해하는 데 도움이 될 것입니다. 제자훈련을 마친 교우들에게도 제자훈련의 핵심 내용을 다시금 상기시키시는 데 도움이 될 것입니다. 또한 여러 가지 사정으로《예수님의 사람》제자훈련을 할 수 없는 분들에게는 이 책이 예수님과 동행하는 눈을 뜨는 데 큰 도움이 될 것입니다.

예수님과 동행하는 삶의 놀라운 은혜가 주 안에 있는 많은 그리스도인과 교회 위에 함께 하시기를 간절히 기도합니다.

유기남 목사

이 책에 대해

왜 "예수님의 사람" 소그룹 교재인가?

이 책은 《예수님의 사람》 제자훈련과 연결되어 있습니다. 제자훈련을 마친 이후 또는 제자훈련과 함께 소그룹에서 쓸 수 있도록 만들어졌습니다. 제자훈련과 병행해서 사용할 때, 교회 전체의 영적 분위기를 하나로 세워갈 수 있습니다. 혹 제자훈련의 토양이 준비되지 못한 교회일 경우라도 제자훈련에 대한 기초를 쌓는 데 사용할 수 있습니다. 이 책은 인도자 혼자 이끌고 가는 형식이 아니라 모든 구성원이 적극적으로 참여하여 자신의 이야기를 나누면서 훈련하도록 구성되어 있습니다.

이 책은 아래와 같은 교회에서 사용할 수 있습니다.

1) 제자훈련을 마친 교회

제자훈련을 마치고 시간이 지나면 받은 은혜를 잊게 됩니다. 《예수님의 사람》 제자훈련에서 받은 은혜를 소그룹 모임을 통해 이어가면서 '나는 죽고 예수로 사는 삶'에 대한 자기 점검을 할 수 있습니다.

2) 소그룹 모임의 경험이 없는 교회

소그룹 모임을 해본 적이 없는 교회도 있습니다. 소그룹 모임의 경험이 없는 교회라면 자신의 이야기를 나누거나 다른 구성원들의 이야기를 듣는 훈련이 되어있지 않을 수 있습니다. 이러한 교회들은 이 교재를 나누는 동안 듣는 훈련과 나누는 훈련을 자연스럽게 할 수 있습니다.

3) 소그룹 모임을 가지는 데 실패했던 교회

소그룹 모임에는 실패와 성공의 여부는 없습니다. 하지만 이전에 소그룹 모임을 했을 때, 상처나 아픔으로 좋지 않은 기억을 가진 성도가 있을 수 있습니다. 그런 성도들에게 다시 소그룹 모임을 권면하는 것이 쉬운 일은 아닙니다. 자신의 이야기를 말씀에 비추어 나눌 수 있는 이 책의 구성을 통해 점차 공동체에 자신을 열고 말씀의 진리 안에서 하나 됨을 경험하도록 도와줍니다.

이렇게 진행됩니다

1. 무엇을 하는가? (What?)

지속적 소그룹 나눔을 통해 믿음의 공동체로 성장

2. 어떻게 사용하는가? (How?)

구성원 모두가 나눌 수 있도록(10명 이내로, 1시간 ~ 1시간 30분이 적당)

3. 언제 진행하는가? (When?)

모두가 참석할 수 있는 날

4. 어디서 모이는가? (Where?)

위치, 분위기 등을 고려해 모두가 편한 곳(온라인도 가능)

5. 누가 인도하는가? (Who?)

자신의 이야기보다 구성원들이 활발하게 이야기할 수 있도록 돕는

인도자

6. 왜 1년에 40주인가? (Why?)

40주로 구성된 1년 과정(영적 재충전을 위해 여름 1개월, 겨울 2개월 방학)

* 인도자를 위한 가이드 p.98을 참고하시면 됩니다.

목차

2부

성령의 능력으로 순종하는 삶

많은 성도가 하나님의 뜻에 완전히 복종하기를 두려워합니다.

자신의 좋은 것을 빼앗긴다고 생각하기 때문입니다.

그러나 하나님께서 가장 귀한 것을 바치라고 하시는 것은

새로운 복을 주시기 위해서입니다.

이것을 믿지 못하여 순종하지 않는다면

하나님의 마음이 어떠하시겠습니까?

Week 11

성도가 실패하는 이유

찬양

찬송가 : [384장] 나의 갈 길 다 가도록
복음성가 : 내가 그리스도와 함께

기도

마음열기

자신이 생각하는 실패의 기준은 무엇입니까? 실패의 경험을 나누어 봅시다.

말씀

내가 그리스도와 함께 십자가에 못 박혔나니 그런즉 이제는 내가 사는 것이 아니요 오직 내 안에 그리스도께서 사시는 것이라 이제 내가 육체 가운데 사는 것은 나를 사랑하사 나를 위하여 자기 자신을 버리신 하나님의 아들을 믿는 믿음 안에서 사는 것이라 갈라디아서 2장 20절

우리의 자아가 살아 있으면 실패할 수밖에 없다

예수님은 우리 안에 계십니다. 그렇다면 그리스도인은 언제나 승리의 삶을 사는 것이 당연하지 않을까요? 그러나 현실에서 많은 그리스도인이 낙심과 실패로 얼룩진 삶을 살고 있습니다. 갈릴리 가나 혼인잔치에서는 예수님이 함께 계시는데도 기쁨의 상징인 포도주가 떨어졌습니다. 디베랴 바다에서도 예수님이 함께 계셨지만, 제자들은 밤새도록 한 마리의 물고기도 잡지 못했습니다. 이처럼 우리 삶에도 예수님이 함께 계시지만, 기쁨이 사라지거나 열심히 노력해도 실패하는 경우가 있습니다. 왜 그럴까요? 그것은 우리의 자아가 주인 노릇을 하기에 예수님께서 아무런 역사도 행하실 수 없기 때문입니다.

'우리의 자아' 그 자체가 죄 덩어리이다

사도 바울은 "내가 그리스도와 함께 십자가에 못 박혔나니 그런즉 이제는 내가 사는 것이 아니요 오직 내 안에 그리스도께서 사시는 것이라 (갈 2:20)"라고 고백했습니다. 사도 바울은 성령의 역사로 십자가의 복음을 정확히 깨달았습니다. 사도 바울은 자신이 죽지 않으면 새 삶을 살 수 없음을 고백했습니다. 죄와 자신이 별개라고 생각할 수 있지만 우리 자신과 죄는 구별되어 있지 않습니다. 우리의 자아 그 자체가 죄 덩어리입니다. 우리의 의지, 감정, 지식을 포함한 모든 영역이 죄에 오염되어 있습니다. 그래서 십자가에서 우리 옛사람도 예수님과 함께 죽게 하신 것입니다(롬 6:3).

간혹 교회에서 시험을 일으키는 교인들이 있습니다. 그런데 안타까운 것은 시험을 일으키는 교인들 대부분이 열심 있고 충성스러운 교인들이라는 것입니다. 교회를 위해 시간과 재물과 재능을 바치는 사람들입니다. 그런데 그들이 교회 안에 온갖 시험도 일으킵니다. 그들은 교회의 모든 일이 자기 생각대로 이루어지기를 원합니다. 자신들의 역할이 무시되거나 자신이 원하는 대로 이루어지지 않으면 화를 내거나 분열을 일으킵니다. 그것은 오직 하나, 그들의 자아가 죽지 않았다는 증거입니다. 그래서 교회를 충성스럽게 섬기고자 하면 할수록 교회에는 시험거리가 되는 것입니다.

자아의 죽음은 곧 복된 삶의 시작이다

사도 바울은 갈라디아서 2장 20절에서 "이제는 내가 사는 것이 아니요."라고 선언했습니다. 이것은 우울한 고백이 아닙니다. 사도 바울에게 이 고백은 기쁨의 환호성이었습니다. 어떻게 죽은 것이 기쁨의 환호성이 될 수 있을까요? 사도 바울은 자신에 대한 절망이 너무도 컸기에 자신을 '죄인 중의 괴수'라고까지 표현했습니다. 그래서 자아의 죽음은 곧 복음입니다. 죽은 사람은 욕하고, 꼬집고, 송곳으로 찔러도 모릅니다. 마찬가지로 우리가 그리스도 안에서 죽었다는 믿음으로 살면 불쾌할 일이 전혀 없습니다. 실망할 일도, 억울할 일도 없습니다. 칭찬을 들어도 교만할 수 없으며, 비방을 들어도 기분이 상하지 않습니다.

한국 초대교회 당시 유명했던 김익두 목사님의 이야기입니다. 그분은 청년 시절 유명한 깡패였습니다. 시장에서는 '오늘은 제발 김익두를 만나지 않게 해달라'고 물 떠 놓고 비는 사람도 있었다고 할 정도로 많은 사람에게 고통과 불안을 주었던 사람이었습니다.

그런데 그 깡패 청년 김익두가 예수님을 믿게 되었습니다. 그는 예수님을 믿고 회개한 다음, 부고장을 돌렸습니다. '김익두가 죽었다.'라는 소식을 듣고 사람들은 굉장히 좋아했습니다. 그런데 죽었다는 김익두가 어느 주일 아침에 성경책을 들고 시장에 나타났습니다. 사람들은 깜짝 놀랐습니다. 알고 보니 그날은 그가 세례를 받는 날이었습니다. 그는 성경대로 고백한 것입니다.

어떤 사람이 그를 시험하려고 김익두 목사님이 길을 지날 때 물통에 있던 물을 뒤집어씌웠습니다. 그러자 김익두 목사님은 물을 툭툭 털고 그 사람을 쳐다보며 "예수는 내가 믿고 복은 네가 받았구나!"라고 말했답니다. 그에게 진정한 변화가 일어난 것입니다.

사람들은 일반적으로 죽는 것을 두려워하고 슬퍼합니다. 자신의 꿈과 계획, 즐거움이 다 사라진다고 생각하기 때문입니다. 그러나 그리스도인에게 죽음은 복입니다. 우리의 자아가 죽을 때 예수님이 역사하시기 때문입니다. 그때 비로소 예수님이 우리 안에 계신 것을 체험으로 알 수 있습니다. 아직도 예수님 안에서의 죽음을 정확히 이해하지 못하는 성도가 많습니다. 성령이 없는 사람에게 죽음은 '모든 것의 종말'을 뜻합니다. 그러나 성령의 임재 안에 있는 성도에게 죽음은 '능력 있는 삶의 시작'입니다.

1. 우리의 자아가 살아 있으면 실패할 수밖에 없다.

   자아가 너무 강하게 살아 있으면 우리 안에 계신 성령께서 큰 능력을 행하실 수 없다.

2. '우리의 자아' 그 자체가 죄 덩어리이다

   사람들은 자기 생각에 옳은 대로 행하지만 그들 안에 선한 것이 없기 때문에 늘 문제에 부딪히게 된다.

3. 자아의 죽음은 복된 삶의 시작이다.

   우리의 자아가 죽으면 함께하시는 예수님의 능력을 온전히 힘입어 놀라운 삶의 변화를 경험하게 된다.

나눔

1. 예수님을 만났을 때의 이야기를 나누어 봅시다.

----

2. '죽음'이라는 단어를 생각할 때 어떤 마음과 느낌이 듭니까?

공동체기도

1. 내 삶에 문제를 일으키는 자아를 더 이상 붙들고 살지 않게 하소서.
2. 자아의 죽음으로 예수님이 주시는 참된 자유와 기쁨, 평안을 누리게 하소서.

Week 12

이미 죽은 자로 여기라

찬양

찬송가 : [94장] 주 예수보다 더 귀한 것은 없네
복음성가 : 내 안에 사는 이 예수 그리스도니

기도

마음열기

죽고 싶을 정도로 창피했던 경험을 나누어 봅시다.

말씀

이와 같이 너희도 너희 자신을 죄에 대하여는 죽은 자요 그리스도 예수 안에서
하나님께 대하여는 살아 있는 자로 여길지어다 로마서 6장 11절

우리의 자아는 죽어야 할 대상이 아니라 이미 죽었다

우리의 자아가 어떻게 죽을 수 있을까요? 많은 성도가 "내가 죽어야지. 죽어야지." 하며 죽으려고 애씁니다. 그러나 우리가 죽으려 한다고 해서 죽을 수 있는 것이 아닙니다. 우리의 자아는 앞으로 죽어야 할 존재가 아니라 이미 죽은 존재입니다. 우리가 할 일은 이 진리를 믿는 것뿐입니다.

로마서 6장 3절에서 "무릇 그리스도 예수와 합하여 세례를 받은 우리는 그의 죽으심과 합하여 세례를 받은 줄을 알지 못하느냐"라고 했습니다. 우리는 마음에 예수님을 구주로 영접할 때 이미 죽었습니다. 마귀와 죄의 종노릇 하던 우리의 옛 자아는 예수님과 함께 십자가에서 이미 죽은 것입니다. 우리가 예수님을 믿고 세례받았다는 말은 곧 '나는 죽고 예수와 함께 다시 태어났다.'라는 의미입니다. 그리스도인은 이미 장례식을 치르고 사는 자들입니다. 이것이 진리이고 복음입니다.

자신이 십자가에서 죽은 자임을 고백해야 한다

'우리의 옛 자아는 십자가에서 이미 죽었다'라는 진리를 믿음으로 고백하는 것이 중요합니다. 사도 바울은 "너희도 너희 자신을 죄에 대하여는 죽은 자요 그리스도 예수 안에서 하나님께 대하여는 살아 있는 자로 여길지어다(롬 6:11)"라고 말했습니다. '여길지어다'라는 말은 죽으려고 노력하라는 뜻이 아닙니다. 이미 죽었다는 사실을 받아들이라는 것입니다. 사도 바울처럼 우리도 십자가의 복음이 우리에게 임하였음을 고백할 수 있어야 합니다. 자신에 대하여 사망선고를 하는 것입니다. 죄의 종노릇 하던 자아에게 죽음을 선고하는 것입니다.

"나는 예수님과 함께 십자가에서 죽었습니다. 이제 예수님으로 사는 사람입니다. 예수님이 나의 생명이시고 나의 전부이십니다."라고 고백하며 나아갈 때, 그리스도 안에서 이루어진 죽음이 실제가 됩니다. 그때 비로소 예수 그리스도께서 우리의 생명이 되시고 주인 되심을 체험하게 됩니다.

만일 우리가 그리스도와 함께 죽었으면 또한 그와 함께 살 줄을 믿노니 로마서 6장 8절

허드슨 테일러 *Hudson Taylor*는 1869년, 선교지인 중국에서 좌절과 낙심으로 쓰러졌습니다. 육체적인 어려움도 있었지만, 그보다 온전히 하나님이 기뻐하시는 삶을 살지 못하고 있다는 자책감이 더 컸습니다. 그는 선교사로서 거룩한 사람이 되려고 부단히 애썼습니다. 그러나 거룩한 삶을 추구하면 할수록 더욱 거룩하지 못한 자신을 보게 될 뿐이었습니다. 그는 한순간도 예수님으로부터 시선을 떼지 않겠다고 결심했습니다. 그러나 그 중압감에 오히려 더 예민해졌습니다. 그는 평소보다 더 자주 화를 내고 말도 거칠게 하는 자신을 보고 당황했습니다. 기도, 금식, 말씀 읽기와 묵상하는 물리적인 시간을 더 많이 가졌지만 아무 소용이 없었습니다. 자신은 그렇게 살지 못하면서 어떻게 "예수님을 믿으면 하나님의 자녀가 되는 권능을 주신다."라고 선포할 수 있었겠습니까? 그가 고통의 시간을 보내고 있을 때, 친구인 매카시 선교사로부터 편지가 왔습니다. 편지의 한 문장이 그에게 빛으로 다가왔습니다.

"어떻게 믿음을 강하게 할 수 있는가? 그것은 믿음을 구하려고 애쓰는 것

이 아니라 그저 신실하신 분, 예수님을 의지하는 것이다."

그리고 그 순간 예수님의 말씀이 생각났습니다.

나는 포도나무요 너희는 가지라 그가 내 안에, 내가 그 안에 거하면 사람이 열매
를 많이 맺나니 나를 떠나서는 너희가 아무 것도 할 수 없음이라 요한복음 15장 5절

허드슨 테일러는 이 말씀을 통해 "결코 너를 떠나지 아니하리라."라는 예수님의 음성을 들었습니다. 예수님이 자신을 떠나지 않으신다는 사실뿐만 아니라 예수님과 자신이 살과 뼈로 이어진 한 지체라는 사실도 깨달았습니다. 그는 이렇게 고백했습니다.

"예수님은 변함없이 신실하시다. 오, 거기에 안식이 있구나! 그동안 예수님 안에서 안식하기 위해 헛되이 애써왔구나. 이제 결코 더 이상 애쓰지 않겠다. 예수님이 나와 함께 거하시겠다고, 결코 나를 떠나지 않으시고 버리지 않으시겠다고 약속하셨기 때문이다. 그것이면 충분하다."

그는 예수님과 인격적인 만남 후에, 더 이상 염려하지 않기로 했습니다. 어디서 어떻게 지내게 되더라도 두려워하지 않았습니다. 항상 그리스도와 함께 죽었고 장사 되었으며, 부활했다고 믿었기 때문입니다. 중국 복음의 씨앗이 된 허드슨 테일러는 그렇게 다시 태어났습니다.

예수님 안에서의 죽음은 은혜의 삶을 체험하게 한다

예수님 안에서 죽음을 실제로 경험하면 모든 문제가 바뀝니다. 두려움, 염려, 걱정, 미움, 원망, 욕심, 조바심이 다 사라집니다. 두려움, 혈기,

욕망, 정욕 등은 십자가를 통해서만 죽습니다. 옛 자아의 죽음을 인정하지 않고 이것들을 처리할 방법은 없습니다. 자아의 죽음으로 이런 마음이 처리되면 우리 마음에는 평안, 감사, 기쁨, 사랑의 마음이 생깁니다. 나에게 주어진 환경이 더 이상 문제로 여겨지지 않습니다. 예수님 안에서 언제나 기뻐하고, 감사하고, 사랑할 수 있는 사람이 되기 때문입니다. 고린도전서 15장 31절에서 사도 바울은 "형제들아 내가 그리스도 예수 우리 주 안에서 가진 바 너희에 대한 나의 자랑을 두고 단언하노니 나는 날마다 죽노라"라고 고백했습니다. 우리도 날마다 죽어야 합니다. 날마다 자신을 죽은 자로 인정해야 합니다.

1. 우리의 자아는 죽어야 할 대상이 아니라 이미 죽었다.

   우리가 예수님을 영접할 때 우리의 자아는 이미 십자가에서 죽었다.

2. 자신이 십자가에서 죽은 자임을 고백해야 한다.

   우리가 해야 할 일은 십자가 앞에서 예수님만이 우리의 생명 되심을 온전히 믿는 것이다.

3. 예수님 안에서의 죽음은 은혜의 삶을 체험하게 한다.

   자아가 죽으면 기쁨과 평안을 누리며, 주의 일을 위해 힘쓰는 그리스도인이 된다.

1. 자아의 죽음을 고백한 적이 있습니까?

....

....

....

....

2. "나는 예수님과 함께 십자가에서 죽었습니다."라고 고백해보십시오.

....

....

....

....

공동체기도

1. 예수님과 함께 십자가에서 죽었다는 진리를 날마다 결론 삼게 하소서.
2. 예수님이 생명 되시고 주인 되심을 체험하게 하소서.

Week 13

나는 죽고 예수는 살고

찬양

찬송가 : [341장] 십자가를 내가 지고
복음성가 : 예수의 이름으로 나는 일어서리라

기도

마음열기

세상에서 능력 있는 그리스도인의 삶이란 어떻게 사는 것이라고 생각합니까?

말씀

또한 너희 지체를 불의의 무기로 죄에게 내주지 말고 오직 너희 자신을 죽은 자 가운데서 다시 살아난 자 같이 하나님께 드리며 너희 지체를 의의 무기로 하나님께 드리라 로마서 6장 13절

자기 의(義)를 내세우는 사람은 하나님의 일을 할 수 없다

예수님에게는 두 가지 유형의 제자들이 있습니다. 첫 번째는 주님의 일을 스스로 열심히 하는 사람들이고 두 번째는 주님이 자신을 통하여 일하시도록 하는 사람들입니다. 그 차이를 알고 있습니까?

> 내가 유오디아를 권하고 순두게를 권하노니 주 안에서 같은 마음을 품으라 빌립보서 4장 2절

첫 번째 유형의 제자로는 유오디아와 순두게입니다. 유오디아와 순두게는 빌립보교회의 충성스러운 여성 지도자였습니다. 그들은 충성스러운 일꾼이었지만 한편으로는 교회 안에서 분열과 시험을 일으켰습니다. 그런 두 사람에게 사도 바울은 "주 안에서 같은 마음을 품으라(빌 4:2)"라고 권면했습니다.

> 2 내가 증언하노니 그들이 하나님께 열심이 있으나 올바른 지식을 따른 것이 아니니라 3 하나님의 의를 모르고 자기 의를 세우려고 힘써 하나님의 의에 복종하지 아니하였느니라 로마서 10장 2-3절

이 말씀을 비추어볼 때 '열심'이 무조건 좋은 것만은 아님을 알 수 있습니다. 하나님에 대한 열심은 있으나 정작 하나님의 의를 모르고 자기 의를 내세우는 사람은 결코 하나님의 일을 이루지 못합니다.

예수님께 온전히 순종할 때 비로소 하나님의 역사가 일어난다

두 번째 유형의 제자는 사도 바울입니다. 사도 바울이 말하고 싶은 것은 자신이 무슨 일을 했는지가 아닙니다. 그는 그것에는 관심이 없었습니다. 그가 말하고 싶은 것은 예수님이 자신을 통해 어떻게 역사하셨는지에 관한 것이었습니다.

> 17그러므로 내가 그리스도 예수 안에서 하나님의 일에 대하여 자랑하는 것이 있거니와 18그리스도께서 이방인들을 순종하게 하기 위하여 나를 통하여 역사하신 것 외에는 내가 감히 말하지 아니하노라 그 일은 말과 행위로 로마서 15장 17-18절

이것은 사도 바울 삶의 주도권이 예수님에게 있었음을 말해줍니다. 우리는 모든 것을 다 예수님으로 말미암아 받습니다. 죄 사함도, 구원도 하나님의 자녀가 되는 것도 예수님으로 말미암아 이루어집니다. 주님이 이런 일들만 주도적으로 하실까요? 구원받은 이후에도 모든 주도권은 예수님께 있습니다. 중요한 것은 우리가 사도 바울처럼 예수님의 주도권을 인정하고 자신을 내어드려야 한다는 것입니다. 주도권을 가지고 계신 예수님께 순종할 때 하나님의 역사가 드러납니다. 내가 일하는 것처럼 보이지만 실제로는 하나님이 일하시기 때문입니다.

예수님을 삶의 주인으로 모시면 주님과 동행하는 복을 받는다

어떻게 예수님이 우리를 통해 역사하실 수 있을까요? 가정 안에서,

교회 안에서, 세상 속에서 어떻게 나를 통해 예수님이 역사하시도록 할 수 있을까요? 단 한 가지 사실을 인정하면 됩니다. 바로 우리가 예수님 안에서 죽었음을 인정하는 것입니다. 죽음을 인정하는 것과 아무것도 하지 않는 것은 다릅니다. 죽음을 인정하는 것은 모든 것을 예수님께 맡기고 '완전히 순종하는 상태'를 말합니다. 자신의 의지를 버리고 주님의 의지로 행하고, 자신의 감정이 아니라 주님의 감정으로 느끼고, 자신의 지식과 경험에 의존하지 않고 매 순간 주님께 묻는 자세로 사는 것을 말합니다. 그때 주님이 우리와 함께하심을 체험하게 됩니다.

어릴 때 부모님을 여의고 고모 밑에서 자란 고등부 학생의 이야기입니다.

고모는 조카인 저희를 키우느라 시집도 못 가고 온갖 고생을 하며 살았습니다. 고모가 저희를 위해 희생하는 것을 알았지만 고모의 잔소리는 날이 갈수록 심해졌습니다. 과한 고모의 잔소리에 저희는 반항심이 생겼습니다. 특히 고모가 교회 다니는 것을 반대하는 것은 견딜 수가 없었습니다. 집에만 가면 숨이 막혔고 매일 고모와 싸웠습니다. 그러나 기도할 때마다 고모와의 다툼 때문에 마음 한켠이 아팠습니다. 그것이 저의 가장 큰 회개의 제목이기도 했습니다.

그러던 어느 날 저는 교회에서 "우리가 죽어야 우리 대신 예수님이 역사하신다."라는 설교를 듣고 큰 은혜를 받았습니다. 순간 '나 대신 예수님이 역사하셔서 우리 고모를 만나주시면 얼마나 좋을까.'라는 생각이 들었습니다. 저는 평소처럼 예배를 마치고 집으로 돌아갔습니다. 집에 들어가기 전에 저는 현관 문고리를 잡고 기도했습니다.

"하나님, 저는 고모를 만나 싸우지 않을 자신이 없습니다. 저 대신 주님이 우리 고모를 만나주세요."

기도를 마치고 문을 여는 순간, 영락없이 미간을 잔뜩 찌푸린 고모가 잔소리를 퍼붓기 시작했습니다. 그런데 잔소리를 듣는 저의 마음이 이상하게도 전과는 달랐습니다. 이전 같았으면 대들면서 반항했을 텐데 그날은 주름진 고모의 얼굴이 눈에 들어왔습니다. 조카들을 돌봐야 한다는 의무감으로 살아온 한 여인의 초라하고 지친 얼굴이었습니다. 저는 왈칵 눈물이 쏟아졌고 잔소리를 퍼붓는 고모를 와락 끌어안았습니다.

"고모, 고모가 많이 늙었어. 우리 때문에 너무 많이 늙었어, 고모!"

고모는 갑작스러운 저의 행동에 당황했지만, 순간 오랫동안 응어리졌던 마음이 풀어지는 기분을 느꼈습니다. 고모와 저는 서로를 껴안고 한참을 울었습니다. 그 순간은 고모가 아닌 예수님이 한 여인을 치유하시고 해방시키는 순간이었습니다. 이후 고모는 저와 함께 교회에 나갔고, 지금은 집사가 되어 충성스럽게 주님을 섬기고 있습니다.

가정에서 예수님이 함께 계심을 느끼지 못하는 것은 예수님이 역사하시지 않기 때문이 아닙니다. 남편과 아내가 서로 죽지 않았기 때문입니다. 부모와 자녀가 서로 죽지 않았기 때문입니다. 남편이 죽으면 아내가 남편 안에 계신 예수님을 만납니다. 아내가 죽으면 남편이 아내 안에 계신 예수님을 만납니다. 부모가 죽으면 자식이 예수님을 만나고, 자식이 죽으면 부모가 예수님을 만납니다. 이보다 더 큰 행복은 없습니다.

1. 자기 의(義)를 내세우는 사람은 하나님의 일을 할 수 없다.

   열심이 있어도 하나님의 의에 복종하지 않는 사람은 끊임없이 갈등과 시험을 일으키게 된다.

2. 예수님께 온전히 순종할 때 비로소 하나님의 역사가 일어난다.

   자신의 모든 것을 내려놓고 주님 뜻에 온전히 순종할 때 하나님은 우리를 통해 역사하신다.

3. 예수님을 삶의 주인으로 모시면 주님과 동행하는 복을 받는다.

   예수님 안에서 죽은 사람은 주인 되시는 예수님을 통해 진정한 자유와 복을 누리게 된다.

1. 나의 삶의 주도권은 누구에게 있습니까? 자신입니까? 주님입니까?

....

....

....

....

2. 삶 가운데 죽음을 고백함으로 승리한 적이 있습니까?

....

....

....

....

공동체기도

1. 내 삶의 주도권을 주님께 내드리기 원합니다.
2. 나를 통하여 주님의 역사하심이 나타나게 하소서.

Week 14

성령의 능력에 대한 약속

찬양

찬송가 : [620장] 여기에 모인 우리
복음성가 : 주 선한 능력으로 안으시네

기도

마음열기

그리스도인이 된 후 변화된 것은 무엇입니까? 또 변화되고 싶은 영역은 어떤 것이 있습니까?

말씀

너희는 이 세대를 본받지 말고 오직 마음을 새롭게 함으로 변화를 받아 하나님의 선하시고 기뻐하시고 온전하신 뜻이 무엇인지 분별하도록 하라 로마서 12장 2절

성경의 예언대로 성령의 역사는 부흥하고 있다

성경은 말세에 대해 두 가지를 예언합니다. 디모데후서 3장 1-5절을 보면 말세에 사람들이 자기중심적으로 살아가며 죄악으로 충만한 삶을 살게 된다고 예언합니다. 반면 요엘서 2장 28-29절은 하나님께서 성령을 만민에게 부어주신다고 하셨습니다. 성경의 예언대로 세상은 상반된 두 부흥의 열기로 점점 더 나뉘고 있습니다. 점점 죄악이 부흥하고 있으며, 반대로 성령의 부흥도 일어나고 있습니다.

이사야는 "여호와의 영광이 나타나고 모든 육체가 그것을 함께 보리라(사 40:5)"라고 예언했습니다. 오늘날 수많은 학생과 청년이 엄청난 죄악의 풍조에 휩싸여 있습니다. 그러나 놀라운 것은 많은 학생과 청년이 성경의 예언처럼 이전에 경험하지 못한 강력한 성령충만의 역사를 체험하고 있다는 사실입니다.

성령의 능력은 생명의 역사와 부흥의 역사를 이룬다

요한복음에서 예수님은 우리에게 부어주실 성령의 역사를 두 가지 물에 비유해서 말씀하셨습니다. 요한복음 4장 13-14절에서는 성령의 역사를 샘물에 비유하고 있습니다. 목말라 죽어가는 사람이 샘물을 마시면 소생합니다. 이처럼 죄와 마귀의 종노릇 하며 영원히 죽을 수밖에 없던 사람이 예수님을 구주로 영접하면, 하나님의 자녀로 거듭나게 됩니다. 속죄의 은총으로 새 생명을 얻습니다. 이것이 샘물과 같은 성령의 역사, 곧 생명의 역사입니다.

요한복음 7장 37-38절은 성령의 역사를 강에 비유하고 있습니다. 강은 동식물과 바다를 소생시키고 도시 사람들에게 필요한 물을 공급합니다. 그래서 큰 강이 있는 곳에 도시가 생기고, 나라가 세워지는 것입니다. 이렇게 강이 미치는 힘은 광대합니다. 예수님은 '생수의 강'을 통해서 강 같은 은혜의 역사, 곧 성령충만의 역사를 말씀하신 것입니다. 곧 도시가 소생하고 민족이 부흥하는 역사가 일어나리라는 것입니다.

이는 그를 믿는 자들이 받을 성령을 가리켜 말씀하신 것이라 … 요한복음 7장 39절

성령이 임하기 전인 1907년, 한국 교회는 영적으로 황폐하였습니다. 하디 *Robert A. Hardie* 선교사의 기록에 의하면 그는 한국 교회를 순회하고 돌아온 날은 가슴을 치며 기도했다고 합니다. 복음을 듣고 예수를 믿어도 신자들은 주일예배에 잘 참석하지 않았고, 성적으로 방종했습니다. 공금을 횡령하는 일도 많았습니다. 어떤 집회소에서는 사람들이 모여서 무당굿을 하려고 준비하고 있었습니다. 특히 교인들끼리 다툼이 심했습니다. 그래서 하디 선교사는 이들에게 성찬을 금했고 심한 경우에는 교회에서 제명하기도 했습니다. 그런데 성령이 임하고 달라졌습니다. 사이가 나빴던 선교사와 한국 교회 지도자들이 회개하며 하나가 되었습니다. 교인들끼리 서로를 미워한 것을 가슴을 치며 통곡하고 회개하였습니다. 교인들 중에 며느리를 미워했던 시어머니는 며느리에게 가서 용서를 빌고, 시어머니를 미워했던 며느리는 시어머니에게 가서 용서를 빌었습니다. 돈을 빌리고 안 갚던 사람이 당장 돈을 마련하여 빌린 돈을 돌려주며 용서를 빌었습니다. 그야말로 성령의 역사로만 되는 일들이 일어났습니다.

성령충만을 받으면 놀라운 능력이 생긴다

성도가 성령충만을 받으면 성령의 놀라운 능력이 나타납니다.

첫째, 믿음의 능력이 생깁니다.

베드로는 주님을 보고도 주님의 부활을 증거하지 않고 고기를 잡는다며 도망갔습니다. 그러나 성령충만함을 받은 후에는, 예수님을 죽인 유대인들과 이방인들 앞에서 부활하신 예수님을 담대하게 증거했습니다.

둘째, 죄를 이길 능력이 생깁니다.

교회에 열심히 다니고 봉사도 많이 하며, 착하다고 소문난 한 청년이 있었습니다. 그런데 어느 날 친구들과 어울려 술을 마시고는 범죄를 저지르고 말았습니다. 이것은 교회에 빠지지 않고 출석하는 열심과 온유한 성품이 죄를 이기게 할 수 없다는 것을 말합니다. 성령충만 없이는 죄를 이길 장사가 없습니다.

셋째, 세상을 이길 능력이 생깁니다.

그리스도인들은 세상의 중심에서 살고 있습니다. 세상은 어떤 곳입니까? 악한 영이 지배하고 있는 곳입니다. 이러한 곳에서 그리스도인으로서의 정체성을 분명히 드러내며 사는 것은 결코 쉬운 일이 아닙니다.

넷째, 봉사할 능력이 생깁니다.

하나님은 우리에게 하나님의 일을 맡기시고 봉사하도록 부르셨습니다. 하나님의 일을 하는 것은 기뻐하고 감사해야 할 일입니다. 성령충만은 우리에게 봉사할 능력을 부여합니다. 성령의 능력으로 하나님의 일을 감당하게 되는 것입니다.

다섯째, 전도의 능력이 생깁니다.

성령충만함을 받으면 전도의 능력을 받게 됩니다. 존 웨슬리^{John Wesley} 목사는 1739년 1월 1일에 피터 레인에서 성령의 능력을 체험한 후, 놀라운 전도의 결실을 맺었습니다. 한국 교회가 놀라운 부흥과 성장을 이루게 된 것도 1907년 평양에서 강력한 성령의 역사를 체험한 이후였습니다.

1. 성경의 예언대로 성령의 역사는 부흥하고 있다.

   마지막 때에 죄악의 부흥과 함께 성령의 역사도 크게 부흥하고 있다.

2. 성령의 능력은 생명의 역사와 부흥의 역사를 이룬다.

   성령께서는 예수님 안에서 새 생명을 얻는 생명의 역사와, 도시와 민족이 부

   흥하는 부흥의 역사를 이루신다.

3. 성령충만을 받으면 놀라운 능력이 생긴다.

   첫째, 믿음의 능력이 생긴다.

   둘째, 죄를 이길 능력이 생긴다.

   셋째, 세상을 이길 능력이 생긴다.

   넷째, 봉사할 능력이 생긴다.

   다섯째, 전도의 능력이 생긴다.

나눔

1. 나는 성령충만합니까? 성령충만하지 못하다면 그 이유가 무엇입니까?

....

....

....

....

2. 성령충만의 놀라운 능력이 나의 삶에서 나타납니까?

....

....

....

....

공동체기도

1. 성령충만으로 세상을 이길 힘을 주소서.

2. 우리 교회에 성령의 부흥을 주소서.

Week 15

성령충만을 구하라

찬양

찬송가 : [161장] 할렐루야 우리 예수
복음성가 : 주님과 함께하는 이 고요한 시간(온 맘 다해)

기도

마음열기

성령충만을 구하는 기도를 해본 적이 있습니까?

말씀

너희가 악할지라도 좋은 것을 자식에게 줄 줄 알거든 하물며 너희 하늘 아버지
께서 구하는 자에게 성령을 주시지 않겠느냐 하시니라 누가복음 11장 13절

성령충만을 받을 수 있는 조건이 있다

간혹 성령충만에 대한 오해 때문에 성령충만하라는 권면을 싫어하는 사람이 있습니다. 자신은 조용히 성경적으로 믿는 스타일이라고 말하기도 합니다. 이것은 대단히 왜곡된 생각입니다. 성경은 명백하게 성령의 충만함을 받을 것을 명령하고 있기 때문입니다. 성경적으로 믿는다면 반드시 성령충만을 받아야 하는 것입니다.

성령충만에 대한 오해 중에 '자신은 성령충만을 원하는데 하나님이 주시지 않는다'라고 생각하는 사람도 있습니다. 정말 그럴까요? 그렇지 않습니다. 하나님은 우리가 성령충만하기를 누구보다 간절히 원하십니다. 그렇다면 왜 성령충만을 받지 못한 그리스도인들이 많은 것입니까? 진정으로 성령충만받기를 원하지 않기 때문입니다.

성령에 대한 약속을 믿고 간절히 구해야 한다

누가복음 11장 13절에서 예수님은 구하는 자에게 성령을 주시겠다고 약속하셨습니다. 그리고 승천하시기 전, 제자들에게 "예루살렘을 떠나지 말고 내게서 들은 바 아버지께서 약속하신 것(성령)을 기다리라(행 1:4)"라고 말씀하셨습니다. 제자들은 주님이 약속하신 성령을 받기 위해 기도하며 기다렸습니다. 그런데 하루가 저물도록 아무 일이 일어나지 않았습니다. 이틀이 지나고 삼일이 지나도 역시 아무 일도 일어나지 않았습니다. 보통의 사람이라면 더 기다리지 않았을 것입니다. 5일, 6일, 7일이 지나도록 아무 일도 일어나지 않으면 누가 남아 있겠습니까? 그러나 제자들은 끝까지 기다렸습니다. 예수님의 말씀을 끝까지 믿었고, 정말 예수님께서 약속하신 성령이 임하시기를 기다렸던 것입니다.

이것이 구하는 자의 자세입니다. 열흘째 되던 날, 오순절이 되었습니다. 기도하고 있던 그들에게 바람 같고 불같은 하나님의 영이 충만하게 운행하기 시작하더니 그들의 가슴이 뜨거워졌습니다. 방언이 터졌습니다. 약속을 믿고 기도하던 자에게 성령이 임한 것입니다.

IMF사태로 온 나라가 힘들 때, 한 교회에서 저녁마다 구국기도회를 열었습니다. 어느 날 구국기도회 시간, 평상시에 잘 나오지 않던 한 남자 집사님이 나와 열심히 기도했습니다. 목사님은 그 자체만으로 대단한 역사라 여겨 기뻐했습니다. 다음 날, 그 집사님은 담임목사님께 전화를 걸어 기뻐서 흥분한 목소리로 말했습니다.

"목사님, 융자를 받았어요!"

처음에는 무슨 영문인지 몰라 어리둥절했던 목사님은 그 집사님의 설명을 듣고 상황을 정리할 수 있었습니다. 전 재산을 투자해서 벌인 사업의 마지막 잔금을 치러야 하는 날, 집사님은 융자를 해주기로 했던 은행에서 융자를 해줄 수 없다는 통보를 받았습니다. 여러 은행을 찾아다니며 대출신청을 했지만 번번이 거절당하고 마지막으로 들른 은행에서 내일 다시 와보라는 대답을 듣게 되었습니다.

그는 그냥 집으로 갈 수 없어 교회에 왔더니 마침 구국기도회가 있어 예배당으로 들어간 것입니다. 그러나 나라를 위하여 기도할 때도, 교회를 위해 기도할 때도, 환우를 위해 기도할 때도 그는 계속 융자받을 수 있게 해달라고 기도했습니다. 그런데 다음날 융자가 나오게 되었다는 연락을 받았으니 기쁜 마음으로 목사님께 전화했던 것입니다.

목사님은 집사님의 문제가 해결되어 하나님께 감사했지만 그 집사님이 온통 대출받기만을 위해 기도했다는 사실에 씁쓸한 마음도 들었습니다. 전화를 끊고 일어서려는 순간 성령께서 목사님 마음에 이렇게 말씀하셨습니다.

"이제 구한다는 것이 어떤 것인지 알겠느냐?"

여러분은 사랑하는 사람이 심각한 병에 걸렸을 때 어떻게 기도합니까? 돈이 다급하게 필요할 때 어떻게 기도합니까? 기도가 유일한 동아줄인 것처럼 간절히 기도할 것입니다. 이것이 구하는 것입니다. 성령충만도 그렇게 구해야 합니다.

성령충만은 오직 예수님만을 구하는 것이다

우리가 성령충만에 대하여 가진 또 하나의 오해가 성령충만을 성령의 은사나 체험, 능력이라고 여기는 것입니다. 하지만 성령충만은 오직 성령 그분을 구하는 것입니다. 성령께서 원하는대로 우리 안에서 역사하시는 것을 성령충만이라 하는 것입니다. 나는 죽고 예수로 사는 것이 우리 믿음인데 정말 우리가 죽었다면 그다음에 무엇을 구해야 할까요? "예수님이 우리의 생명 되셨으니 예수님 한 분이면 충분합니다."라고 고백하는 것입니다. 이것이 성령충만한 사람입니다. 우리가 구하는 것이 체험이나 은사, 세상의 축복이라면 그것은 성령충만을 구하는 것이 아닙니다. 우리는 오직 예수님이어야 합니다. "예수님, 저는 오직 주님만을 원합니다."라고 구해야 합니다. 여러분은 정말 성령충만을 갈망합니까? 예수님 한 분만으로 충분하다고 고백할 수 있습니까?

1. 성령충만을 받을 수 있는 조건이 있다.

   성령충만은 온전히 성령의 주권 아래 이루어지며, 성경을 통해 성령충만을
   받을 수 있는 조건에 대해 말씀하신다.

2. 성령에 대한 약속을 믿고 간절히 구해야 한다.

   성령을 보내주시겠다고 말씀하신 예수님의 약속을 믿고 간절히 구하는 자에
   게 성령충만을 부어주신다.

3. 성령충만은 오직 예수님만을 구하는 것이다.

   우리의 생명 되시는 예수님을 바라보며 오직 그분만을 갈망하는 것이 바로
   성령충만을 구하는 것이다.

1. 성령충만을 간절히 구하고 있습니까?

2. 예수님 한 분만으로 충분하다고 고백할 수 있습니까?

공동체기도

1. 메마른 심령 위에 성령의 충만함을 부어주소서.
2. 예수님 한 분만으로 충분하다고 고백할 수 있는 믿음을 주소서.

Week 16

완전한 순종의 열매

찬양

찬송가 : [161장] 할렐루야 우리 예수

복음성가 : 주님과 함께하는 이 고요한 시간(온 맘 다해)

기도

마음열기

하고 싶지 않은 일을 하나님의 명령 때문에 순종했던 적이 있습니까?

말씀

우리는 이 일에 증인이요 하나님이 자기에게 순종하는 사람들에게 주신 성령도

그러하니라 하더라 사도행전 5장 32절

성령충만을 받으려면 성령께 완전히 순종해야 한다

간혹 성령충만을 자기 의지와는 상관없이 성령께 사로잡혀 무아지경(無我地境)의 상태로 은사나 능력을 나타내는 것으로 생각하는 성도들이 있습니다. 그러나 이것은 성령충만을 오해한 것입니다. 사도행전 5장 32절은 하나님께 순종하는 자에게 성령을 주신다고 말합니다. "성령께 완전히 순종하겠느냐?"라는 질문에 대한 대답에 따라 성령충만한 사람인지 그렇지 않은지 알 수 있습니다. 이 질문이 두렵다면 아직 성령충만하지 않은 것입니다. 반대로 기쁨과 확신에 차서 "저는 성령께 완전히 순종하겠습니다."라고 답할 수 있다면 성령충만한 사람입니다.

그러나 우리 힘으로 하나님께 완전히 순종할 수 있다는 말이 아닙니다. 그것은 불가능한 일입니다. 하나님께서 능력을 주셔야 가능한 일입니다. 그러나 하나님께서는 순종하고 싶은 마음이 없는 사람에게 순종할 힘을 주실 수 없습니다. 성령충만은 하나님께 완전히 복종하고자 하는 자들의 결심 위에 부어주시는 하나님의 응답입니다. 성령이 이끄시는 대로 순종한다면 구체적으로 무엇에 순종하는 것일까요?

첫째, 죄를 고백하고 회개하게 하실 때 순종해야 합니다.

성령께서 가장 싫어하시는 것이 '죄'입니다. 성령은 거룩한 영이시기 때문에 성결함 위에만 기름을 부으십니다. 그러므로 성령충만함은 반드시 회개의 역사와 함께 일어나는 것입니다.

둘째, 순종하기 어려운 것을 명령하실 때 순종해야 합니다.

마태복음 13장 18-23절에서 우리가 예수님의 말씀을 들었을 때, 두려움과 염려를 주님께 맡기고 오직 믿음으로 순종하면 30배, 60배, 100배의 결실을 맺는다고 하셨습니다. 결국 우리 안에 하나님의 말씀대로 살려는 마음이 분명하지 못한 것이 문제입니다. 특히 하나님의 말씀대로 살다가 고난을 당할까봐 두려워합니다. 예수님께서도 감당하기 어려운 고난을 당하셨습니다. 그 때, 예수님은 고난을 통해 순종을 배우셨다고 했습니다(히 5:7-9). 우리도 그렇게 해야 합니다. 성령충만하면 하나님께 순종하는 것은 힘든 일이 아닙니다. 자신을 쳐서 복종하는 마음으로 순종할 때, 성령충만이 주어집니다.

보언 리즈가 쓴《중국의 예수가정》에 소개된 이야기입니다.

중국 지하교회, 예수가정의 지도자였던 칭 틴옌 씨는 중국 개화기의 청년으로 유교전통에 뿌리 깊은 사람이었습니다. 그런데 그는 선교사가 운영하는 학교에서 공부하면서 예수를 믿게 되었습니다. 예수를 믿으면서 그는 심한 양심의 가책을 느꼈습니다. 그 이유는 그가 버린 아내 때문이었습니다. 사랑하는 마음 없이 부모님의 뜻에 따라 결혼했던 그녀는 전족(纏足)을 할 정도로 구식의 여인이었습니다. 그는 시대감각도 맞지 않고 평생 함께 살 수 없다고 생각하여 그녀를 집으로 돌려보냈습니다.

그런데 성령께서 "네 아내를 사랑하라(엡 5:25)"라는 말씀을 주셨습니다. 성경에는 '아내가 예쁘거나 영리하거나 착할 경우 사랑해라'라는 전제조건이 없습니다. 그는 무척 괴로워하다가 "하나님, 아내를 사랑하라고 하시니 제가 그렇게 하겠습니다."라고 고백하며 결국 성령님께서 주신 마음에 복종했습니다. 칭 형제는 아내의 집으로 가서 아내에게 용서를 빌었습니다. 그러고는 아내와 함께 집으로 오려는데 아내는 전족으로 인해 20km가 넘는 길을 걸을 수가 없었습니다.

그때 칭 형제의 마음은 하나님의 명령에 복종하고자 하는 마음으로 가득했기에, 당시 중국인으로서는 상상할 수 없는 일을 했습니다. 아내를 업고 집까지 걸어온 것입니다. 20km를 걷고 마침내 집 문턱을 넘어서는 순간, 칭 형제와 그의 아내는 성령의 기름 부음을 받았습니다. 이 일은 1920년에 있었던 일입니다. 그 후 아내와 칭 형제는 훌륭한 동역자가 되었습니다.

셋째, 하나님께 자신의 모든 것을 드릴 수 있어야 합니다.

많은 성도가 "나의 모든 것이 하나님의 것입니다!"라고 고백하기를 두려워합니다. "모든 것이 하나님의 것입니다."라고 고백하면 다 내놓아야 할 것만 같기 때문입니다. 하나님께서 자신이 가지고 있는 것을 빼앗아 간다고 생각하는 것입니다.

그러나 하나님께서는 우리를 위하여 독생자까지 주셨습니다. 그런데 우리가 하나님의 사랑을 의심한다면 하나님의 마음이 어떻겠습니까? 하나님께서 우리에게 가장 귀한 것을 바치라고 하시는 이유는 우리의 마음을 알기 위해서입니다. 그래서 우리에게 "어떤 것을 바치라 해도 순종할 수 있느냐?" 하고 물으시는 것입니다. 우리 마음으로부터 우러나오는 자발적이고 완전한 순종을 원하시는 것입니다.

성령께 완전히 복종하면 우리 안에 염려가 사라집니다. 두려움도, 불만도 없어집니다. 감사와 기쁨과 진정한 사랑이 흘러넘칩니다. 하나님을 찬양하고 예수님의 복음만 전하고 싶어집니다. 또한 도시와 나라들을 위해 기도하려는 마음이 불 일 듯 일어납니다. 그것이 성령충만입니다. 하나님께 소유권을 이전하고 나면 물질로 인한 염려와 조바심, 낙심이 모두 사라집니다. 물질뿐만이 아니라 감정까지 모두 드리고 나면 섭섭하거나 억울한 것도 없어집니다. 그런 사람들에게 '천국 가는 부자'의 자격이 주어지는 것입니다.

성령충만을 받으려면 성령께 완전히 순종해야 한다.

　　첫째, 죄를 고백하고 회개하게 하실 때 순종해야 한다.

　　둘째, 순종하기 어려운 것을 명령하실 때 순종해야 한다.

　　셋째, 하나님께 자신의 모든 것을 드릴 수 있어야 한다.

1. 성령충만이 무엇이라고 생각하십니까?

....

....

....

....

2. 하나님께 순종하기 어렵게 하는 장애물이 있다면 무엇입니까?

....

....

....

....

공동체기도

1. 하나님께 완전한 순종을 결단하게 하소서.
2. 하나님께 모든 것을 드리는 진정한 부자가 되게 하소서.

Week 17

열심보다 중요한 순종

찬양

찬송가 : [502장] 빛의 사자들이여
복음성가 : 내 입술로 하나님의 이름을 찬송하며

기도

마음열기

열심을 다해 교회를 섬기다가 어려움을 겪은 적이 있습니까?

말씀

이는 거역하는 것은 점치는 죄와 같고 완고한 것은 사신 우상에게 절하는 죄와
같음이라 왕이 여호와의 말씀을 버렸으므로 여호와께서도 왕을 버려 왕이 되지
못하게 하셨나이다 하니 사무엘상 15장 23절

열심이 있어도 자아가 강하면 하나님의 의를 드러낼 수 없다

우리는 다른 사람보다 더 열심히 하는 것을 미덕으로 생각합니다. 열심(熱心)은 분명 좋은 것입니다. 그러나 때로는 열심 때문에 문제가 일어납니다. 하나님의 의가 아닌 자신의 공로와 의를 내세우는 잘못을 저지르게 되기 때문입니다.

2 내가 증언하노니 그들이 하나님께 열심이 있으나 올바른 지식을 따른 것이 아니니라 3 하나님의 의를 모르고 자기 의를 세우려고 힘써 하나님의 의에 복종하지 아니하였느니라 로마서 10장 2-3절

누가복음 10장 38-42절을 보면 마르다는 예수님을 대접하기 위해 열심히 일했습니다. 그러나 일하느라 주님과의 교제는 소홀했습니다. 마르다는 예수님을 위한다고 하면서, 동생을 향해 불평하고 결국 예수님의 마음을 불편하게 만들었습니다. 이것이 바로 자아의 특성입니다.

하나님과의 교제를 우선해야 자아의 문제에 빠지지 않는다

사도행전 6장 1-6절을 보면 초대교회 교인들이 시험에 드는 사건이 나옵니다. 헬라파 유대인들과 히브리파 유대인들 사이에 갈등이 생긴 것입니다. 구제하는 일, 봉사하는 일이 얼마나 좋습니까? 그러나 일에만 얽매여 하나님과의 교제를 소홀히 하자 구제와 봉사는 곧 시험거리가 되고 말았습니다. 그것은 초대교회를 무너뜨리려는 사탄의 큰 공격이었습니다. 그러나 이 시험을 통해 초대교회는 더 강해졌습니다. 왜냐

하면 사도들은 하나님이 원하시는 것이 주님과 동행하면서 일하는 것임을 깨닫고 말씀과 기도에 더 전념했기 때문입니다. 오늘날 성도들 역시 주님과 동행하는 것을 소홀하면 시험에 빠질 수밖에 없습니다.

한 성도가 성경공부 모임을 열정적으로 이끌었습니다. 그런데 그녀에게 큰 영적 좌절이 찾아왔습니다. 마음이 무너진 성도는 "목사님, 웬일인지 마음이 점점 식어가고 아무리 노력해도 예전의 모습으로 돌아갈 수가 없습니다. 기쁨이 보이지 않고 사랑도 식었습니다."라고 말했습니다. 목사는 성도의 말을 듣고 "잃어버린 뜨거움을 회복하기 위해 무엇을 했습니까?"라고 물었습니다. 그녀는 "제가 할 수 있는 것은 모두 해봤지만 소용없었습니다."라고 대답했습니다. 목사는 "성도님이 어떻게 회심했는지 말해줄 수 있습니까?"하고 성도에게 다시 물었습니다. 그녀는 잠시 생각하더니 이렇게 대답했습니다.

"처음에는 제 자신을 변화시키고 죄에서 벗어나기 위해 최선을 다했지만 아무 소용이 없었습니다. 결국 모든 노력을 포기하고 주 예수께서 생명과 평안을 주실 것을 믿고 십자가만 신뢰해야 한다는 것을 깨달았습니다. 그 후 주님은 제게 구원의 확신을 주셨습니다."

그녀의 말을 듣고 목사는 "성도님은 구원에 대해서는 예수님을 믿고 의지했으면서 사랑에 대해서는 왜 똑같이 하지 않습니까? 성도님의 마음이 아무리 차가워졌다 할지라도 억지로 애쓰지 마십시오. 주님의 십자가만 붙잡으십시오. 그리고 이렇게 고백하십시오."라고 말했습니다.

"주님은 제가 지금 얼마나 비참한 상태인지 다 아십니다. 주님만이 저의 능력이고 소망이십니다."

그러면 주님께서 영적 메마름과 미움을 변화시켜주실 것입니다. 어린아이처럼 믿고 기다리십시오. 이렇게 주님을 의지하는 것이 곧 주님과 올바른 관계를 맺는 길입니다.

예수님과의 인격적 관계가 신앙생활의 성공을 좌우한다

우리는 왜 주님과 교제하고 주님의 음성을 듣는 것에 소홀히 할까요? 그것은 우리와 함께하시는 예수님을 알지 못하기 때문입니다. 예수님은 십자가에서 죽으심으로 우리 죄의 문제를 해결하시고 부활하심으로 그리스도이심을 증명하셨습니다.

그러나 더욱 중요한 사실은 부활하시고 승천하신 예수님이 '성령으로 내 안에 오셨다.'라는 것입니다. 믿는 모든 자에게 오신 것입니다. 우리 안에 오신 예수님과 인격적인 관계를 맺는 것은 매우 중요한 일입니다. 예수님과의 관계가 우리의 신앙생활이 건강한지 아닌지 보여주기 때문입니다.

여러분이 오지에 선교사로 파송된다고 가정해봅시다. 혼자 오지로 간다면 두려운 마음이 듭니다. 그러나 부모, 형제, 목회자, 교우들과 다 같이 간다면 어떻습니까? 두렵고 힘들겠지만 가볼 만하다고 생각하지 않을까요? 두려움과 걱정은 혼자 간다고 생각하기 때문에 생기는 것입니다.

주님과의 관계도 이와 같습니다. 우리가 오지로 선교를 가도 주님은 우리와 동행하십니다. 눈에 보이지 않지만 우리 안에 계신 주님은 언제나 우리와 함께하십니다. 이 사실을 분명히 믿는다면 그 어떤 길도 혼자 떠나는 길이 아니며 두려울 것도, 걱정할 것도 없습니다.

　여러분은 눈에 보이지 않는 주님과 동행하고 있습니까? 우리가 하나님께 어떻게 쓰임 받는지는 '하나님의 음성에 순종하여 인도하심을 받고 있는가?'에 달려 있음을 명심해야 합니다. 무슨 일을 시작하기 전에 우리는 먼저 이 훈련을 철저히 받아야 합니다.

기억하기

1. 열심이 있어도 자아가 강하면 하나님의 의를 드러낼 수 없다.

　하나님의 뜻과 계획을 모르면 열심이 있어도 하나님의 의가 아닌 자신의 의를 내세우는 잘못을 저지르게 된다.

2. 하나님과의 교제를 우선해야 자아의 문제에 빠지지 않는다.

　주님과의 교제에 힘쓰면 말씀과 기도를 통해 함께하시는 주님을 의지하여 일할 수 있게 된다.

3. 예수님과의 인격적 관계가 신앙생활의 성공을 좌우한다.

　인격적인 교제를 통해 함께하시는 주님을 확신하면 신앙생활의 모든 면에 있어서 두려울 것도, 걱정할 것도 없다.

나눔

1. 주님과 깊은 교제의 시간을 어떻게 가지고 있습니까?

....

....

....

....

2. 혼자라고 느낀 적이 있습니까? 언제 그렇게 느낍니까?

....

....

....

....

공동체기도

1. 주님과의 교제를 최우선하는 삶을 살게 하소서.

2. 하나님의 인도하심에 따라 순종하는 삶을 훈련받게 하소서.

Week 18

내 양은 내 음성을 들으며

찬양

찬송가 : [20장] 큰 영광중에 계신 주

복음성가 : 나의 부르심 나의 영원한 소망

기도

마음열기

기도할 때마다 가장 먼저 하는 기도는 무엇입니까?

말씀

여호와께서 임하여 서서 전과 같이 사무엘아 사무엘아 부르시는지라 사무엘이

이르되 말씀하옵소서 주의 종이 듣겠나이다 하니 사무엘상 3장 10절

하나님은 끊임없이 우리를 부르시며 말씀하고 계신다

하나님은 계속해서 제자인 우리에게 말씀하십니다. 다만 우리의 불신앙과 불순종 때문에 깨닫지 못할 뿐입니다. 그러므로 그리스도인들은 자신이 하나님의 음성을 듣고 있는지, 영적으로 둔감해지지는 않았는지 늘 스스로를 살펴야 합니다.

사무엘상 3장 1-14절에는 사무엘이 하나님의 음성을 듣는 이야기가 나옵니다. 사무엘은 어려서부터 성전에서 자랐습니다. 열두 살쯤 되던 어느 날 밤, 사무엘은 자다가 "사무엘아! 사무엘아!" 하는 소리를 들었습니다. 사무엘은 엘리 제사장이 불렀다고 생각하고 엘리 제사장에게로 달려갔습니다. 그런데 엘리 제사장은 사무엘을 부른 적이 없었습니다.

세 번이나 같은 일이 반복되자 엘리 제사장은 하나님이 사무엘을 부르신다는 생각이 들었습니다. 엘리 제사장은 사무엘에게 또 부르는 소리가 들리거든 그 자리에서 무릎을 꿇고 "여호와여, 말씀하옵소서. 주의 종이 듣겠나이다."라고 말하라고 지시했습니다. 사무엘은 이 과정을 통해 하나님의 음성을 듣게 되었습니다.

그리스도인은 모두 하나님의 음성을 듣는다

사무엘이 하나님의 음성을 들을 수 있다는 사실을 몰랐을 때는 하나님의 음성을 듣고도 깨닫지 못했습니다. 성도들 중에 '사무엘이 하나님의 음성을 들었다.'라는 사실에 대해 의심하는 이는 없습니다. 그러나 자신도 사무엘처럼 하나님의 음성을 들을 수 있다고 믿는 사람은 많지 않습니다. 그래서 하나님의 음성을 듣고도 분별하지 못하는 것입니다.

어떤 사람들은 하나님의 음성을 듣는 것은 신비주의라고 말합니다. 물론 인간이 하나님의 음성을 들을 수 있다는 것은 신비로운 일입니다. 그러나 신비주의는 아닙니다.

예수님은 "내 양은 내 음성을 들으며(요 10:27)"라고 말씀하셨습니다. 예수님을 구주로 영접한 사람들은 모두 주님의 음성을 듣는다는 것입니다. 그러므로 그리스도인이 하나님의 음성을 듣는 것은 지극히 당연한 일이며 결코 신비주의가 아닙니다.

우리 안에 계신 성령께 집중해야 하나님의 말씀을 들을 수 있다

하나님의 음성을 들을 수 있다고 해서 처음부터 하나님의 음성을 온전히 분별할 수 있는 것은 아닙니다. 사무엘도 하나님의 음성을 처음 들었을 때는 알아듣지 못했습니다. 엘리 제사장에게 가르침을 받은 후에 하나님의 음성을 분별하게 되었습니다. 이처럼 우리도 하나님의 말씀을 듣는 법을 배워야 합니다.

어떻게 하나님의 음성을 들을 수 있을까요? 사무엘이 하나님의 음성을 들었을 때 그는 '하나님의 궤 있는 여호와의 전(삼상 3:3)'에 누워있었다고 했습니다. 우리는 이 점을 주목해야 합니다. 우리 늘 성전 안에 살아야 합니다. 이 말은 늘 교회 건물 안에서 살라는 것이 아닙니다.

너희는 너희가 하나님의 성전인 것과 하나님의 성령이 너희 안에 계시는 것을 알지 못하느냐 고린도전서 3장 16절

구원받은 성도는 그 몸이 성전입니다. 성령이 언제나 그 안에 계시기 때문입니다. 그러므로 성령을 늘 의식하고 주목하고 귀를 기울이며 살 때, 하나님의 음성이 들리기 시작합니다.

일본의 미츠하시 목사는 어렸을 때 소아마비 장애를 갖게 된 후, 아버지로부터 "너는 아무 쓸모가 없어!"라는 말을 귀에 박히도록 수없이 들으며 살아왔습니다. 그러나 그가 하나님을 만났을 때, 그는 놀라운 말씀을 듣게 되었습니다. "나는 너를 사랑한다. 너를 향한 놀라운 계획이 있기에 너에게 생명을 주었단다."라는 말씀이었습니다. 그 한마디는 그를 쓸모 있는 사람으로 만들었습니다. 결국 그는 영혼을 울리는 전도자로, 한 아내의 남편으로, 두 아이의 존경스러운 아버지로 많은 사람의 박수를 받는 사람이 되었습니다.

그가 쓴 책《너는 아무 쓸모없어》에서 하나님은 자신처럼 쓸모없다고 생각하며 삶을 허비하는 사람들을 찾아서 쓸모 있는 사람으로 만드신다는 것을 증거합니다. 아버지로부터 들었던 부정적인 생각을 버리고 주님의 부름에 순종했더니, 정말 쓸모 있는 사람이 된 것입니다.

성령께서 우리 안에 계시면서 계속 말씀하십니다. 하나님 뜻대로 살 수 있도록 가르치시며, 하나님 뜻대로 살지 못할 때는 근심하시고 슬퍼하십니다. 그리고 우리로 하여금 그 근심을 깨닫게 하십니다. 하나님의 말씀은 생명이고 능력입니다. 그러므로 우리는 위에서 오는 하나님의 말씀을 들어야 합니다. 하나님의 말씀을 듣고 순종하면 우리 인생에 변화와 기적이 일어납니다.

1. 하나님은 끊임없이 우리를 부르시며 말씀하고 계신다.

   하나님은 지금도 제자 된 우리를 향해 계속해서 하나님의 뜻과 계획을 말씀하고 계신다.

2. 그리스도인은 모두 하나님의 음성을 듣는다.

   예수님을 영접한 그리스도인은 하나님의 음성을 들을 수 있지만 그 사실을 믿지 못하면 하나님이 부르셔도 깨닫지 못한다.

3. 우리 안에 계신 성령께 집중해야 하나님의 말씀을 들을 수 있다.

   우리와 함께하시는 성령을 의식하고 귀를 기울여야 비로소 하나님의 음성을 분별하여 들을 수 있다.

1. 하나님의 음성을 들어본 적이 있습니까?

....

....

....

....

2. 하나님이 나에게 말씀하시는 방법은 무엇입니까?

....

....

....

....

공동체기도

1. 하나님의 음성을 듣는 귀가 열리게 하소서.
2. 내 안에 계신 성령을 늘 의식하고 주목하는 삶을 살게 하소서.

Week 19

어떻게 하나님의 음성을 듣는가

찬양

찬송가 : [478장] 참 아름다워라

복음성가 : 아버지 사랑합니다 아버지 경배합니다

기도

마음열기

하나님의 음성을 꼭 듣고 싶었던 때가 있었습니까?

말씀

보혜사 곧 아버지께서 내 이름으로 보내실 성령 그가 너희에게 모든 것을 가르치고 내가 너희에게 말한 모든 것을 생각나게 하리라 요한복음 14장 26절

성령께서는 마음과 생각을 통해 우리에게 말씀하신다

하나님은 인류 역사를 통해서 늘 자기 백성에게 말씀하셨습니다. 특히 구약시대에는 여러 가지 방법으로 말씀하셨습니다(히 1:1-2). 아담이나 아브라함에게서 볼 수 있듯이 직접 말씀하시기도 하고, 희생 제사나 징조를 통해, 선지자들을 통해서 말씀하셨습니다. 복음서에서는 하나님의 독생자이신 예수 그리스도를 통해서 말씀하셨습니다. 그리고 예수님의 십자가 죽음과 부활, 승천 이후에는 보혜사 성령을 통해서 우리에게 말씀하십니다.

요한복음 14장 26절을 보면 성령께서 모든 것을 가르치시고, 예수님이 우리에게 말씀하신 모든 것을 생각나게 하실 것이라고 했습니다. 이 말씀을 통해 성령의 음성이란 '생각나게 하는 것'임을 알 수 있습니다. 성령께서는 생각이 갑자기 떠오르는 방법으로 우리에게 말씀하십니다.

우리는 종종 "저에게 하나님의 음성을 들려주세요!"라고 기도합니다. 하지만 육성으로 하나님의 음성을 들으려 해서는 안 됩니다. 하나님께서 육성으로 말씀하실 수 있지만, 굳이 그렇게 하실 필요가 없으십니다. 우리 안에 거하시기 때문입니다. 하나님의 음성을 육성으로 듣는다면, 교만해지거나 미혹을 받기 쉽습니다. 무엇보다 하나님의 음성을 육성으로 듣지 않을 때는 하나님의 음성을 듣지 못한다고 생각하게 될 것입니다. 그러나 주님의 음성을 마음에 떠오르는 생각으로 들을 때, 우리는 항상 성령의 음성을 들을 수 있으며 그렇다 하더라도 교만하지 않게 됩니다. 그리스도인이면 누구나 듣는 것이기 때문입니다. 성령께서 생각으로 말씀하시는 것에 대해서 요한복음 14장 26절 뿐만 아니라 성경 여러 곳에서 증거하고 있습니다.

5 육신을 따르는 자는 육신의 일을, 영을 따르는 자는 영의 일을 생각하나니
6 육신의 생각은 사망이요 영의 생각은 생명과 평안이니라 로마서 8장 5-6절

볼지어다 내가 문 밖에 서서 두드리노니 누구든지 내 음성을 듣고 문을 열면
내가 그에게로 들어가 그와 더불어 먹고 그는 나와 더불어 먹으리라 요한계시록
3장 20절

우리 안에 오신 성령께서 우리 마음과 생각을 통해 역사하시는 것을
'성령의 음성을 듣는다.'라고 말할 수 있습니다. 이것을 신학적 용어로
'조명(illumination)'이라고 합니다. 그러므로 우리는 생각으로 말씀하시
는 성령의 음성에 귀 기울여야 합니다. 우리의 귀가 열릴 때 주님의 세
밀한 음성까지 듣게 됩니다.

뿌리 깊은 죄의 유혹에 빠져 있던 한 성도가 있었습니다. 그는 죄를 지을
때마다 마음에서 경고의 소리가 들렸습니다. 그의 마음에서는 유혹과 경고
사이의 무서운 싸움이 벌어졌습니다. 그는 시간이 지나면서 마음의 갈등이
성령의 경고임을 깨닫게 되었습니다. 그리고 그때부터 하나님의 음성을 분
별해 듣기 시작했습니다. 마침내 그가 하나님의 음성에 무릎 꿇고 복종하였
을 때, 그는 자신의 힘으로는 결코 이기지 못했던 죄의 유혹을 이겨낼 수 있
었습니다.

성령께서 주시는 생각과 육신의 생각과 사탄의 생각을 분별해야 한다

우리 안에는 분명히 주님께서 주시는 마음과 생각이 있습니다. 그것이 바로 주님의 음성입니다. 그러나 분명히 알아야 할 것이 있습니다. 우리 안에 드는 모든 생각과 마음이 성령으로부터 온 것은 아니라는 사실입니다. 그중에는 우리가 붙잡아야 하는 생각도 있고, 버려야 할 생각도 있습니다.

우리 마음 안에는 육신의 생각이 있습니다. 간혹 육신의 생각도 그럴 듯하게 느껴집니다. 그러나 결국 하나님을 슬프게 하고, 실패하고 망하게 됩니다(롬 8:7-8).

사도행전 8장 20절에서 베드로는 성령을 돈으로 사려고 한 시몬에게 "네가 하나님의 선물을 돈 주고 살 줄로 생각하였으니 네 은과 네가 함께 망할지어다"라고 말했습니다. 시몬은 무엇을 위해 돈을 주고라도 성령의 능력을 사야겠다고 생각한 것입니까? 시몬은 자기 자신을 위한 것, 곧 육신의 욕망을 위한 것이었습니다.

우리 생각 속에는 사탄이 주는 생각도 있습니다. 마태복음 16장 23절을 보면 예수님이 십자가를 지고 죽으시기 위해 예루살렘으로 가려 하실 때 베드로는 예수님을 붙잡았습니다. 그런 일은 결코 주님께 일어나지 않을 것이라고 항변했습니다. 베드로의 행동은 주님을 위한 것처럼 보였습니다. 그러나 예수님은 베드로를 호되게 책망하셨습니다. 사탄이 베드로의 생각에 영향을 주었음을 아셨기 때문입니다.

우리는 종종 다른 사람들이 알면 얼굴을 들고 다닐 수 없을 정도로 부끄러운 생각을 합니다. 마귀가 우리의 생각에 역사하기 때문입니다. 죽고 싶은 생각, 죽이고 싶은 생각, 슬픈 생각, 자기 연민, 우울한 마음, 온갖 음란한 생각 등은 마귀가 주는 것입니다.

잠언 4장 23절은 "모든 지킬 만한 것 중에 더욱 네 마음을 지키라 생명의 근원이 이에서 남이니라"라고 말합니다. 매우 중요한 말씀입니다. 우리는 마음을 지키는 것이 주님의 음성을 듣는 것과 밀접하게 연관되어 있습니다. 마음을 지키지 못하면 마귀가 생각을 통해 역사합니다. 마귀의 생각을 자신의 생각으로 받아들이면 결국 마귀에게 종노릇 하게 되는 것입니다.

기억하기

1. 성령께서는 마음과 생각을 통해 우리에게 말씀하신다.
   하나님은 우리의 마음과 생각을 통해 말씀하시며 그분의 뜻 가운데로 인도하신다.

2. 성령께서 주시는 생각과 육신의 생각과 사탄의 생각을 분별해야 한다.
   모든 생각이 성령의 음성은 아니다. 육신의 생각이나 마귀가 주는 생각에 사로잡히지 않도록 마음을 지켜야 한다.

나눔 ────────────

1. 최근 떠오른 생각 중에 하나님이 주시는 생각이라고 여겨지는 것이 있습니까?

....

....

....

....

2. 여러 생각 가운데 내가 버려야 할 생각은 어떤 것들입니까?

....

....

....

....

공동체기도 ────────────

1. 나의 마음과 생각이 하나님이 임재하시는 거룩한 성소가 되게 하소서.
2. 사탄의 유혹을 분별하게 하시고 마음을 지킬 수 있도록 도와주소서.

Week 20

하나님의 음성을 잘 들으려면

찬양

찬송가 : [550장] 시온의 영광이 빛나는 아침

복음성가 : 주께 힘을 얻고 그 마음에(축복의 사람)

기도

마음열기

성경에 믿어지지 않는 내용이라고 생각하던 구절이 있습니까?

말씀

주께 힘을 얻고 그 마음에 시온의 대로가 있는 자는 복이 있나이다 _{시편 84편 5절}

성경을 통해 성령의 음성을 분별할 수 있다

하나님은 그리스도인 안에 거하시는 성령을 통해서 말씀하십니다. 그렇다면 하나님이 말씀하시는 것을 잘 듣는 방법은 무엇일까요? '성경'은 성령께서 우리에게 하실 모든 말씀을 기록하셨습니다. 국기를 보면 단번에 어느 나라인지 아는 것처럼, 성경을 보면 우리 안에 드는 마음이 성령께서 주신 마음인지 아닌지를 알 수 있습니다.

히브리서 4장 12절에서 "하나님의 말씀은 살아 있고 혼과 영과 및 관절과 골수를 찔러 쪼갠다."라고 했습니다. 여기에서 혼은 우리 자아의 생각이고, 영은 성령의 생각입니다. 관절과 골수는 육의 생각, 곧 마귀 생각의 통로입니다. 성경을 읽으면 성령께서는 말씀으로 우리의 생각을 분별해 주십니다. 하나님의 말씀을 통하여 우리의 생각이 성령께서 하신 말씀인지, 자신의 생각인지, 마귀의 생각인지를 알 수 있습니다.

갈라디아서 5장 19-23절에는 마귀가 주는 생각과 성령이 주는 생각이 잘 정리되어 있습니다. 마귀가 우리 마음에 심어주는 생각은 '음행과 더러운 것과 호색과 우상 숭배와 주술과 원수 맺는 것과 분쟁과 시기와 분냄과 당 짓는 것과 분열함과 이단과 투기와 술 취함과 방탕함과 또 그와 같은 것들'입니다. 그러나 성령께서 주시는 것은 '사랑과 희락과 화평과 오래 참음과 자비와 양선과 충성과 온유와 절제(갈 5:22)'입니다.

어떤 특별한 생각이 떠오르면 우리는 먼저 그것이 성경적인지를 분별해야 합니다. 그 생각이 성경적이라면 그것은 하나님께서 우리에게 하신 말씀이라고 믿어야 합니다.

우리가 기도할 때 하나님은 많은 것을 말씀하신다

예레미야나 에스겔 선지자는 기도할 때 역사의 수레바퀴를 굴리시며, 모든 만물과 사건과 사람을 꿰뚫어보시는 하나님을 봤습니다. 고넬료는 베드로를 본 적도 없고 알지도 못했습니다. 그런데 어떻게 베드로를 청하여 세례를 받고 성령 세례를 받을 수 있었습니까? 또 베드로는 어떻게 이방인이었던 고넬료에게 말씀을 전하고 세례를 줄 수 있었습니까? 기도 중에 지시하시는 주님의 음성을 들었기 때문입니다.

바울이 아시아로 가서 복음을 전하려는 계획을 취소하고 유럽으로 가서 복음을 전하게 된 이유는 무엇입니까? 기도 중에 환상을 봤고 주님의 음성을 들었기 때문입니다. 이처럼 주님은 우리가 기도할 때 말씀하십니다. 그러므로 우리는 주님의 음성을 '듣는 자세'가 필요합니다.

우리는 기도 중에 평소에 생각하지 못했던 기도, 믿어지지 않는 기도가 나올 때가 있습니다. 그때는 그것이 하나님께서 무엇인가를 계획하시고 기도하게 하시는 것은 아닌지 살펴야 합니다. 기도 중에 주시는 생각을 기록해 보는 것도 좋은 습관입니다. 주님은 우리가 기도하는 중에 많은 것을 말씀하십니다.

중국의 워치만 니 목사가 병들어 하나님께 고통을 호소하며 "하나님, 제 병을 고쳐주옵소서"라고 부르짖었습니다. 그러자 "내 은혜가 네게 족하도다"라는 주님의 음성이 들렸습니다. 그는 "하나님, 제 병을 고쳐 달라고 했는데, 왜 고쳐 주시지는 않으시고 내 은혜가 네게 족하다고 말씀하십니까?"라며 온종일 엎드려 기도했습니다.

기도하다가 잠이 든 목사는, 꿈에서 배를 타고 강을 건너가고 있었습니다.

그런데 엄청 큰 바위가 앞에 나타나 더 이상 나아갈 수 없게 되었습니다. 그는 "하나님, 이 배가 지나가게 해주옵소서!"라고 기도했습니다. 그때 하나님의 음성이 "내가 바위를 옮겨주랴? 아니면 물이 불어나 배가 지나가게 해주랴?"라고 들렸습니다. 그는 "물이 불어나게 해주십시오."라고 대답했습니다. 그러자 순식간에 물이 불어났고 바위를 덮어 무사히 강을 건넜습니다. 그 꿈을 꾼 후부터 워치만 니 목사는 자신에게 있는 육체의 가시를 제거해 달라고 기도하지 않고 넘치는 하나님의 은혜를 구하였다고 합니다.

하나님은 환경과 상황에 따라 구체적으로 말씀하신다

그리스도인들이 말씀과 기도에 힘쓰면 성령께서는 상황에 따라 우리에게 개인적이고 구체적인 말씀을 주십니다. 이것을 '레마의 말씀'이라고 합니다. 베드로는 "오라!" 하시는 예수님의 말씀을 듣고 풍랑이 이는 바다 위를 걸었습니다. 그러나 성경에 이런 말씀이 있다고 해서 모든 사람이 물 위를 걸을 수 있는 것은 아닙니다. 그 말씀이 베드로에게는 레마의 말씀이었지만 모든 사람에게 레마의 말씀은 아니기 때문입니다.

하나님은 환경을 통해서도 우리에게 말씀하십니다. 우리가 어떤 문제에 대해 고민하며 기도할 때, 하나님은 주변 환경과 일상에서 일어나는 일을 통해 말씀해주시기도 합니다. 다만, 주의할 것은 우리가 들었다고 생각하는 음성이 하나님의 음성인지 분별하는 과정을 반드시 거쳐야 한다는 것입니다. 하나님의 음성이 아닌 것을 하나님의 음성이라고 믿으면 큰 일이기 때문입니다. 그러면 하나님의 음성인지 아닌지를 어떻게 분별할 수 있습니까?

첫째, 성경적인지 분별해야 합니다.

둘째, 자신이 속한 공동체의 영적 일치를 통해 분별해야 합니다.

셋째, 영적 지도자의 조언에 귀 기울여야 합니다.

위의 세 가지 기준을 기초하여 하나님의 음성을 잘 분별할 수 있어야 합니다. 그렇게 될 때 하나님의 기뻐하시는 뜻대로 순종하며 믿음으로 살아갈 수 있습니다.

기억하기

1. 성경을 통해 성령의 음성을 분별할 수 있다

성경을 많이 읽으면 우리의 마음과 생각이 성경적인지 분별할 수 있고, 성령의 음성을 잘 들을 수 있다.

2. 우리가 기도할 때 하나님께서 많은 것을 말씀하신다.

하나님은 우리가 기도할 때 많은 것에 대해 말씀하신다. 그러므로 듣는 자세로 기도하는 것이 필요하다.

3. 하나님은 환경과 상황에 따라 구체적으로 말씀하신다.

성령께서는 우리가 처한 환경이나 상황에 맞는 말씀을 주셔서 그 문제를 잘 극복할 수 있도록 도와주신다.

1. 성경을 읽고 묵상하는 생활을 꾸준히 하고 있습니까?

2. '레마의 말씀'을 들은 경험이 있습니까?

1. 하나님의 음성을 분별할 수 있는 '분별의 기술'을 주소서.
2. 기도할 때 일방적인 외침이 아닌 하나님과의 대화가 되게 하소서.

부록

어떻게 인도할 것인가

1. 찬양

찬양은 모임의 문을 여는 시간입니다. 각 소그룹은 찬양인도자를 미리 정합니다. 찬양인도자를 따로 정할 수 없는 경우, 인도자가 진행하는 것도 좋습니다. 교재에 있는 찬송가 혹은 복음성가 중에 한 곡을 선택해서 부릅니다. 혹은 함께 부를 수 있는 쉬운 곡을 정하는 것도 좋습니다. 인도자는 악보를 미리 공유하고 구성원들은 찬양을 들으며 모임을 준비하는 것이 좋습니다.

찬양을 통해 마음이 열리는 경우가 많습니다. 인도자는 찬양을 통해 구성원들의 마음이 열릴 수 있도록 기도로 준비합니다.

2. 기도

첫 주는 인도자가 대표로 기도하도록 합니다. 그 이후에는 모든 구성원이 돌아가면서 대표기도를 할 수 있도록 진행합니다. 기도를 훈련할 수 있는 과정이기 때문에 초신자의 경우에도 꼭 할 수 있도록 격려합니다. 인도자는 첫 주에 기도 순서를 정하고 구성원들이 3분 이내로 준비할 수 있도록 미리 안내합니다.

3. 마음열기

마음열기는 한 주간의 안부를 나누는 시간입니다. 모두가 답할 필요는 없으며 2-3명 정도만 대답해서 모임의 분위기를 편안하게 하는 것이 좋습니다.

상황에 따라 지난주에 특별한 일이 있었던 구성원의 근황을 물으며 개인적인 질문을 하는 것도 좋습니다. 구성원에게 관심을 표현할 수 있는 좋은 방법입니다. 다만, 전체 모임시간에 영향을 주지 않는 선에서 너무 많은 시간을 사용하지 않도록 주의해야 합니다.

4. 말씀

소그룹 모임 중에 가장 중요한 시간입니다. 설교자가 직접 말씀을 전하는 것은 아니지만 구성원들이 설교를 듣는 마음으로 임할 수 있도록 독려해야 합니다. 말씀은 한 단락씩 돌아가면서 읽습니다. 이 시간은 인도자가 구성원들에게 지식만을 전달하는 시간이 아닙니다. 말씀을 함께 읽고 구성원들이 스스로 생각하고 결론 내릴 수 있도록 도와주는 것이 중요합니다.

5. 기억하기

배운 내용을 상기하는 시간입니다. 말씀 중에서 꼭 기억해야 할 내용을 복습할 수 있도록 핵심을 정리해 놓았습니다. 함께 읽기보다 인도자가 준비한 부연 설명을 나눠주면 더 좋습니다.

6. 나눔

배우고 깨달은 것들을 함께 나누는 시간입니다. 나눔 질문은 모든 구성원이 빠짐없이 나눕니다. 이 질문을 그냥 지나쳐버리면 하나님이 주시는 근본적인 변화의 기회를 놓칠 수도 있습니다. 인도자는 구성원들이 한 주전에 미리 읽어보고 대답을 준비해오도록 하는 것이 좋습니다.

나눔을 진행할 때는 돌아가면서 순서대로 하는 것보다 인도자가 순서를 직접 정해주는 것이 좋습니다. 인도자가 영적인 분위기를 잘 살피면서 나눔 순서를 정합니다. 그러면 모두가 마지막까지 다른 사람의 나눔에 귀 기울여 잘 듣게 됩니다.

정답이 있는 질문이 아니므로 솔직하게 나눌 수 있도록 구성원들을 격려합니다. 인도자가 먼저 진실하고 정직하게 나누는 모범을 보여주는 것이 좋습니다. 구성원들은 자신의 이야기를 나누면서 생각을 정리하고 결단하게 됩니다. 또한 다른 사람의 이야기를 들으면서 간접적으로도 배움을 얻습니다. 구체적이고 실제적인 나눔을 통해 자신이 실천할 내용까지 고백할 수 있는 시간이 되도록 인도합니다.

7. 공동체기도

제시된 기도제목을 놓고 함께 기도하며 기도의 영역을 확장하는 시간입니다. 인도자가 따로 말씀을 전하는 시간은 아니지만, 이 시간만큼은 인도자가 구성원들의 영적리더로서의 역할을 감당하는 중요한 시간입니다. 고로 공동체기도 시간은 인도자가 가장 많이 기도로 준비해야 하는 순서입니다.

주어진 내용으로 공동체기도를 한 후에는 나눔을 통해 알게 된 구성원들의 기도제목을 놓고 기도할 수 있습니다. 제시된 기도제목 외에 추가적인 기도제목이 많을 경우, 별도로 알려주고 한 주간 함께 기도할 것을 독려합니다.

인도자는 구성원들이 '하나님 나라와 의'를 위해, '선교 완성'을 위해, '교회와 민족'을 위해, '다음 세대'를 위해 보다 폭넓게 중보기도 할 수 있도록 동기부여 해주는 것이 좋습니다.

첫째, 소그룹은 하나님의 가족 공동체입니다.

교회는 하나님의 집이고, 교회의 성도들은 본질적으로 하나님의 가족입니다 (엡 2:19). 소그룹은 하나님의 자녀들이 모이는 가족모임입니다. 가족 같은 사람들의 모임이 아니라 바로 가족들의 모임입니다. 예수님과 같은 사랑으로 서로를 섬기며 끝까지 책임지는 것이 공동체입니다.

둘째, 소그룹은 그리스도인 공동체입니다.

교회는 건물이 아니라 구원받은 성도들의 연합입니다. 교회는 예수 그리스도의 몸입니다. 성도들은 다 다르지만 하나의 몸으로 서로 연결되어 있습니다. 오직 머리 되신 예수 그리스도를 중심으로 각 지체가 모여 한 몸을 이룹니다. 건강한 공동체는 모든 지체가 건강한 것이 아니라 모든 지체가 건강하지 않더라도 서로의 연약함을 섬기며 한 몸을 이루는 공동체입니다.

셋째, 소그룹은 성령으로 하나 된 공동체입니다.

소그룹에는 다양한 사람들이 모이지만 성령으로 하나를 이룹니다. 소그룹에는 하나님의 거룩한 영이 임하십니다. 우리의 몸은 성령이 계신 성전이라고 했습니다. 소그룹에서 삼위일체 하나님의 영적 교제가 이루어집니다. 하나님은 성령을 보내주셨고 성령은 예수 그리스도를 증거합니다. 그러므로 성령으로 하나 된 소그룹은 모일 때마다 살아계신 하나님을 체험합니다.

넷째, 소그룹은 하나님 나라에 속한 시민의 공동체입니다.

예수님을 믿는 사람 모두는 하나님 나라의 시민입니다. 하나님 나라의 시민에게는 이 땅을 사는 동안 특별한 권리와 의무가 있습니다. 바로 '하나님 나라 확장을 위한 사명'입니다. 그리스도인에게는 세상을 향해 복음을 가지고 나아가 전파해야 하는 사명이 있습니다. 하나님 나라가 이 땅 위에 확장되는 것을 제일의 목적으로 삼아야 합니다. 모일 때마다 영혼구원을 위해 기도하고 흩어지면 전도합니다. 소그룹은 하나님 나라 선교를 위해 헌신하기로 결단한 사람들의 모임입니다.